Inhalt

Chefsache betriebliches Eingliederungsmanagement - Neueste Entwicklungen und Stand der Rechtsprechung

Kernthesen

Beitrag

Fallbeispiele

Weiterführende Literatur

Impressum

Chefsache betriebliches Eingliederungsmanagement - Neueste Entwicklungen und Stand der Rechtsprechung

C.F. Dobner

Kernthesen

- Sinn und Zweck betrieblichen Eingliederungsmanagements ist, Arbeitsunfähigkeit möglichst zu überwinden, erneuter Arbeitsunfähigkeit vorzubeugen und den Arbeitsplatz des betroffenen Beschäftigten zu erhalten.

- Im Gegensatz zum Präventionsverfahren gilt das betriebliche Eingliederungsmanagement nicht nur für Schwerbehinderte, sondern für alle Arbeitnehmer von Betrieben unabhängig von deren Größe, Beschäftigtenzahl oder Branche.
- Beim betrieblichen Eingliederungsmanagement trifft den Arbeitgeber eine besonders hohe soziale Fürsorgepflicht. Dennoch ist zu beachten, dass der Beschäftige stets Herr des Verfahrens ist.
- Laut Bundesarbeitsgericht ist die Durchführung von betrieblichem Eingliederungsmanagement keine formelle Wirksamkeitsvoraussetzung für eine krankheitsbedingte Kündigung. Fehlt die Durchführung, so kann sich dies jedoch in einem Kündigungsschutzverfahren für den Arbeitgeber nachteilig auswirken.

Beitrag

Die gesetzliche Anordnung zum betrieblichen Eingliederungsmanagement (BEM) findet sich in § 84 Abs. 2 Satz 1 SGB IX. Nach dessen Wortlaut sind im Gegensatz zum Präventionsverfahren gem. § 84 Abs. 1

SGB IX nicht nur Schwerbehinderte, sondern alle Arbeitnehmer, die innerhalb eines Jahres länger als sechs Wochen ununterbrochen oder wiederholt arbeitsunfähig sind, von der Rechtsnorm erfasst.

Der Arbeitgeber hat unter Einbeziehung der zuständigen Interessenvertretung, in der Regel sind dies gem. § 93 SGB IX Betriebs- oder Personalrat, mit Zustimmung des betroffenen Arbeitnehmers zu klären, wie die Arbeitsunfähigkeit überwunden werden kann und mit welchen Leistungen oder Hilfen einer erneuten Arbeitsunfähigkeit vorgebeugt werden kann. Der Gesetzgeber stellt mit dieser Rechtsnorm auf Grund des Wortlautes und der systematischen Stellung der Norm im Gesetz zweifelsohne klar, dass ein betriebliches Eingliederungsmanagement keinen bloßen appellativen Charakter hat.

Liest man den Gesetzestext zum BEM, so wirft dieser für den Arbeitgeber eine Reihe von Fragen auf. Diese sind zum Beispiel: Wer fällt unter den Begriff Beschäftigter? Was ist mit innerhalb eines Jahrs gemeint? Ist es erforderlich, dass sich die Arbeitsunfähigkeit auf dieselbe Erkrankung bezieht? Wer ist hinzuziehen falls es keine interne Interessenvertretung gibt? Ein Großteil dieser Fragen ist bereits durch einschlägige Literatur und ständige Rechtsprechung der Arbeitsgerichte geklärt. Den Ablauf eines betrieblichen

Eingliederungsmanagements hält jedoch sowohl der Gesetzgeber als auch die Rechtsprechung völlig offen. Dieser steht dem Arbeitgeber völlig frei. Grundsätzlich empfiehlt es sich, auch aus Rechtssicherheitsgründen, das BEM durchzuführen. Wobei mehrere Gespräche geführt, deren Inhalt protokolliert und sowohl vom Arbeitgeber als auch vom Arbeitnehmer unterzeichnet werden sollte.

Zwar hat die Unterlassung der Durchführung eines betrieblichen Eingliederungsmanagements keine unmittelbaren Konsequenzen für den Arbeitgeber, da das BEM auch keine formelle Wirksamkeitsvoraussetzung für eine krankheitsbedingte Kündigung darstellt. Folgen für den Arbeitgeber könnten sich jedoch nach neuester Rechtssprechung des BAG vom 12.07.2007 Az. 2 AZR 716/06 und vom 23.04.2008 Az. 2 AZR 1012/06 gerade im Fall einer krankheitsbedingten Kündigung des Arbeitnehmers ergeben, da das BAG im Falle einer Unterlassung des BEM eine weitgehende Verschiebung und Verschärfung der Darlegungs- und Beweislast im Kündigungsschutzverfahren zum Nachteil des Arbeitnehmers bejaht. Für die Praxis bedeutet dies, dass ohne ein BEM eine krankheitsbedingte Kündigung kaum mehr wirksam vorgenommen werden kann. Zudem könnte im Falle eines nicht durchgeführten BEM ein vertraglicher Schadensersatzanspruch des Arbeitnehmers wegen

Verletzung der arbeitsvertraglichen Nebenpflichten gem. § 241 Abs. 2 BGB im Betracht kommen. (1), (2), (4)

Mindestanforderungen an die Durchführung eines betrieblichen Eingliederungsmanagements

Da die Verpflichtung zur Durchführung eines BEM nicht nur Konzerne in bestimmten Branchen, sondern auch mittelständische und kleine Unternehmen unabhängig von der Branche betrifft, gilt es die bereits gestellten Zweifelsfragen, die der Gesetzeswortlaut aufwirft zu klären.
Mit Beschäftigten sind alle Arbeitnehmer gemeint. Dies ist insbesondere der gesetzlichen Systematik zu entnehmen, da in § 84 Abs. 1 im Rahmen des Präventionsverfahrens ausdrücklich von schwerbehinderten Menschen die Rede ist und § 84 Abs. 2 dahingehend nicht schärfer konkretisiert. Für den Begriff der Arbeitsunfähigkeit spielt es keine Rolle, ob die Erkrankungen des Arbeitnehmers durch eine Arbeitsunfähigkeitsbescheinigung nachgewiesen wurden. Arbeitsunfähigkeit ist stets dann gegeben, wenn der Arbeitnehmer die laut Arbeitsvertrag geschuldete Leistung nicht erbringen kann. Demnach

hat.

Zu erwähnen ist, dass von der neuen Rechtssprechung Kleinunternehmer i.S.d. § 1 Abs. 2 KSchG nicht betroffen sind, da Kleinunternehmer bekannterweise nicht an die Kündigungsgründe gebunden sind. (1), (2), (4), (5), (9)

Fallbeispiele

Spitzenreiter in Sachen betriebliches Eingliederungsmanagement sind Unternehmen wie die Sparkasse Kassel, die Chemion GmbH, das Universitätsklinikum Köln sowie die Kreisverwaltung des Rhein-Berg Kreises. Letztere wurde sogar mit einem Scheck über 10 000 Euro prämiert. Von ihnen können viele mittelständische und große Unternehmen in Deutschland lernen. Die genannten Unternehmen legen insbesondere größten Wert auf die Information des Arbeitnehmers, der von Beginn an stets über Ziele, Art und Umfang des BEM informiert wird. Um diesen Informationspflichten nachzukommen, sollte in der Praxis ein erstes Anschreiben an den Arbeitnehmer bezüglich der Durchführung eines BEM folgenden Mindestinhalt haben:

- Hinweis auf die gesetzliche Rechtsnorm des § 84 Abs. 2 SGB IX
- Ziel, Art und Umfang des betrieblichen Eingliederungsmanagements
- Hinweis auf die Freiwilligkeit der Teilnahme
- Hinweis auf den Teilnehmerkreis (Interessenvertretung, z.B. Betriebs- oder Personalrat)
- Einverständniserklärung bezüglich der Speicherung von Daten mit Hinweis auf das BDSG

(2), (3), (6), (7)

Weiterführende Literatur

(1) Wortmann, Florian, Krankheitsbedingte Kündigung und betriebliches Eingliederungsmanagement, Der Arbeits-Rechts-Berater, 1/2009, S. 16-19
aus www.powernews.org Meldung vom 04.02.2009 - 10:56

(2) Lorenz, Mathias / Kissel, Marcus, Mindestanforderungen eines ordnungsgemäßen betrieblichen Eingliederungsmanagements gem. § 84 Abs. 2 SGB IX, Der Arbeits-Rechts-Berater, 12/2008, S. 382-385
aus www.powernews.org Meldung vom 04.02.2009 - 10:56

(3) Betriebliches Eingliederungsmanagement Soziale Verantwortung
aus Die SparkassenZeitung, 18.07.2008, Nr. 29, S. 14

(4) Krankheitsbedingte Kündigung ohne BEM
aus Arbeit und Arbeitsrecht, Heft 6/2008, S. 375-376

(5) Kündigung wegen Leistungsunfähigkeit
aus PERSONALmagazin, Heft 02/2009, S. 60

(6) Chemion ausgezeichnet
aus Rheinische Post Nr. vom 28.11.2008

(7) Als einzige Behörde ausgezeichnet
aus Kölner Stadtanzeiger, 09.10.2008

(8) Fehlzeiten verringern
aus Fleischwirtschaft 02 vom 14.02.2008 Seite 026

(9) Fehler beim BEM sind korrigierbar
aus PERSONALmagazin, Heft 09/2007, S. 98

Impressum

Chefsache betriebliches Eingliederungsmanagement - Neueste Entwicklungen und Stand der Rechtsprechung

Bibliografische Information der deutschen Nationalbibliothek

Die Deutsche Nationalbibliothek verzeichnet diese Publikation in der deutschen Nationalbibliografie; detaillierte bibliografische Daten sind im Internet über http://dnb.d-nb.de abrufbar.

ISBN: 978-3-7379-0221-2

© 2015 GBI-Genios Deutsche Wirtschaftsdatenbank GmbH, Freischützstraße 96, 81927 München, www.genios.de

Alle Rechte vorbehalten. Dieses Werk ist einschließlich aller seiner Teile – z.B. Texte, Tabellen und Grafiken - urheberrechtlich geschützt. Jede Verwertung außerhalb der Grenzen des Urheberrechtsgesetzes bedarf der vorherigen Zustimmung des Verlags. Dies gilt insbesondere auch für auszugsweise Nachdrucke, fotomechanische Vervielfältigungen (Fotokopie/Mikroskopie), Übersetzungen, Auswertungen durch Datenbanken oder ähnliche Einrichtungen und die Einspeicherung und Verarbeitung in elektronischen Systemen.